AF346684

L. MICHAUD D'HUMIAC

Maître Aliboron

Pastorale-féerie en deux actes, en vers

*Représentée, pour la première fois,
sur la scène du Théâtre-aux-Champs d'Aulnay-sous-Bois,
le 13 Août 1911*

PARIS

EUGÈNE FIGUIÈRE ET Cⁱᵉ, ÉDITEURS

7, RUE CORNEILLE, 7

MCMXI

Maître Aliboron

Mon pauvre Aliboron, quitte un espoir coupable!
Ne lève pas avec orgueil, ta queue en l'air!
Mon pauvre Aliboron, tu n'es pas "Chantecler!

(Maître Aliboron. — Acte 1er, scène 9e).

DU MÊME AUTEUR

Les Contes de la Reine Mab. Léon Vanier, éd. (épuisé).

Nouveaux Contes de la Reine Mab. L. Vanier, éd.(épuisé).

Le Supplice d'une Épousée. Pièce en 4 actes. Édition de
"*l'Avenir Dramatique*" (épuisé).

Les Grandes Légendes de l'Humanité. Schleiche r frères
éditeurs.

Le Roi Grallon. Tragédie en 5 actes et 7 tableaux, en vers.
Bibliothèque Eugène Figuière.

Les Mystères de l'Hyménée. 1 acte en vers, représentée
pour la première fois, à Béziers, sur le "Théâtre des
Arènes" le 2 septembre 1906. Béziers, A. Bouineau.

Le Cortège d'Alcibiade *ou* **le Peuple couronné de
violettes.** 4 actes en vers, représentés pour la première
fois, sur le "Théâtre antique de la Nature", à Champigny,
le 11 août 1907. Bibliothèque Eugène Figuière.

Le Roi charmant *ou* **La Chevauchée lointaine.** 2 actes
en vers, représentés pour la première fois sur le "Théâtre
antique de la Nature", à Champigny, le 8 août 1908.
Bibliothèque Eugène Figuière.

Le Cœur de Se-Hor. Tragédie de l'ancienne Egypte, en
4 actes et en vers. Eugène Figuière et Cie, éd. (1911).

L. MICHAUD D'HUMIAC

Maître Aliboron

Pastorale-féerie en deux actes, en vers

Représentée, pour la première fois,
sur la scène du Théâtre-aux-Champs d'Aulnay-sous-Bois,
le 13 Août 1911

PARIS

EUGÈNE FIGUIÈRE ET Cⁱᵉ, ÉDITEURS

7, RUE CORNEILLE, 7

MCMXI

PERSONNAGES

MAITRE ALIBORON. . . . . . . M. Henri Perrin,
  de l'Odéon.
TITANIA. . . . . Mlle Lina Kaiser de l'Opéra
BULBUL (1) . . . . Mlle Valentine Verlain du
  Vaudeville.
LA FÉE DES SONGES HEUREUX { M^{ll}Marguerite Grandjean.
LA REINE DES ROSES. . . . . } de la Renaissance.
LE PÈRE GRELU . . . . M. G. Faulcon.
MARJOLAINE. . . . . Mlle Oliver.
VINCENT. . . . . M. Barrault.
PREMIER POMPIER. . . . . . M. Lambert.
DEUXIÈME POMPIER . . . . . M. Dapre.
LA FÉE DE LA ROSÉE . . . . Mlle Lavoizelet.
LA FÉE DES BRUMES. . . . . Mme Sismann.
LA FÉE DES ÉTANGS. . . . . Mlle Petit.
LUCETTE . . . . Mlle Barré.
PAQUERETTE . . . . Mlle Rebryand.
CLAUDE. . . . . Mlle Chevallier.
FRANÇOIS. . . . . M. Fouilly.
PREMIÈRE ROSE. . . . . . . Mlle Lambert.
DEUXIÈME ROSE. . . . . . . Mlle Oliver.
TROISIÈME ROSE . . . . . . Mlle Giraud.
QUATRIÈME ROSE. . . . . . Mlle Barré.

L'ORPHÉON DU VILLAGE

FIGURATION :

Les Fées. — Les Roses. — Les Villageois et Villageoises.

(1) Tout le monde sait que « Bulbul » est le nom oriental du
Rossignol.

MAITRE ALIBORON

ACTE PREMIER

A l'aube, dans la campagne.

SCÈNE PREMIÈRE

LA FÉE DES SONGES HEUREUX, LA FÉE DE LA ROSÉE, LA FÉE
DES ÉTANGS, LA FÉE DES BRUMES, AUTRES FÉES

LA FÉE DES SONGES HEUREUX

Hâtez-vous, mes sœurs, hâtez-vous!
La nuit s'achève;
Voici venir le jour jaloux
Du rêve!
Les étoiles au ciel s'éteignent, tour à tour...
Voici le jour! voici le jour!...

1

Regagnons nos palais d'extase
Dans les nuages blancs et roux,
Le soleil, de ses baisers fous,
Va faner nos robes de gaze !
Hâtez-vous, mes sœurs, hâtez-vous !

LA FÉE DE LA RÔSÉE

Tu parles de hâte à ton aise,
Car ce n'est pas à toi que la fatigue pèse,
Ta tâche est si simple !

LA FÉE DES SONGES HEUREUX

Tu crois !
Je dois peiner plus que vous toutes à la fois

TOUTES LES FÉES (dans un vaste éclat de rire).

Ah ! ah ! ah ! ah !

LA FÉE DES BRUMES

Je suis par le rire étouffée..

LA FÉE DES ÉTANGS

Je n'en peux plus... soutenez-moi !...

LA FÉE DES SONGES HEUREUX

Je suis la Fée
Dispensant les songes heureux...

Qui donc a des travaux plus divers, plus nombreux?

Je dois créer l'Illusion toujours nouvelle,
Etre la source inépuisable, d'où ruisselle
L'Enchantement pour ceux qui sont désenchantés ;

Je me penche sur les détresses
Et les mains pleines de largesses
J'enrichis les deshérités.

J'enfante, chaque nuit, la sublime Espérance

Sans qui l'univers périrait

Et dans ma robe d'or, je l'apporte, en secret,

A tous les chevets de souffrance

Que serait le sommeil, sans moi, sinon la mort?
Tendant le philtre à chaque soif inassouvie,
Je suis pour les humains l'unique réconfort,

Je suis la raison de la Vie...

LA FÉE DE LA ROSÉE

Autrement dit, sans plus de longs discours,
Ton rôle est de mentir toujours,

Tu contes aux naïfs mortels des balivernes,

Leur faisant prendre des gourdes pour des lanternes ;
Sous couleur de les consoler, tu les rends fous ;
Comme c'est noble et fatiguant !... Tandis que nous...

TOUTES LES FÉES

Nous, ma chère, ce sont de plus rudes services !

LA FÉE DE LA ROSÉE

S'il te fallait ouvrir, comme moi, les calices
     Dans les jardins et les pourpris,
     Pour raviver leurs coloris
Et leur verser les diamants de la rosée,
Tu saurais ce que c'est, ô belle reposée,
Que d'avoir du travail et de ne flâner point.

LA FÉE DES BRUMES

     S'il te fallait avoir le soin
     De rouler autour des collines
     Les brumes, en écharpes fines...

LA FÉE DES ÉTANGS

S'il te fallait polir le miroir des étangs
Pour qu'ils reflètent mieux les grands cieux éclatants...

LA FÉE DES SONGES HEUREUX

     Allons ! allons ! point de querelles !
     Nous avons des tâches très belles,

Toutes, c'est entendu!... mais faites cet aveu
        Que cette nuit, vous flanâtes un peu.

LA FÉE DES BRUMES

Dame! elle était si langoureuse!
Et le Rossignol a chanté
Si bien sa complainte amoureuse,
Qu'au lieu de travailler, nous l'avons écouté.

LA FÉE DE LA ROSÉE

Il faisait chaud. Dans les frais hamacs de feuillages
        On s'est bercé, laissant l'ouvrage.
S'il n'est qu'à moitié fait, tant pis!.. pour une fois
On peut nous pardonner...

LA FÉE DES ÉTANGS

            La paresse a ses droits.

LA FÉE DE LA ROSÉE

D'ailleurs, point d'alarme vaine!
Que le travail soit fait plus ou moins bien,
        Titania notre Reine,
Bien sûr, ne remarquera rien.
Elle est en retard, elle-même
        Et pour cause...

TOUTES LES FÉES

Quoi donc?

LA FÉE DE LA ROSÉE

Elle aime...

(Montrant la coulisse)

Regardez, là, plutôt, mes sœurs,
Avec qui s'entretient la Reine des caprices
Et notre Reine.

LA FÉE DES BRUMES

Avec le Prince des Délices :
Le Rossignol.

LA FÉE DE LA ROSÉE

Voyez ses gestes caresseurs,
Son attitude qui provoque!
Allons! il n'est point d'équivoque
Elle en est folle!...

LA FÉE DES ÉTANGS

Jusqu'à quand?

LA FÉE DE LA ROSÉE

Qui le dira?
Mais pour l'instant...

LA FÉE DES BRUMES

Tant mieux donc ! on s'amusera

LA FÉE DE LA ROSÉE

La voici !... de plus près, toujours elle le presse...
Gardons-nous de troubler ce duo de tendresse !

(elles se retirent, un peu à l'écart)

SCÈNE DEUXIÈME

LES PRÉCÉDENTES, TITANIA, BULBUL,
puis ALIBORON

TITANIA

Hélas ! hélas ! déjà te quitter, mon amant,
  Mon doux chanteur de cavatines !
C'est le jour qui revient impitoyablement,
L'aube a mis son pied rose aux marches des collines.

C'est le jour !... à ton chant, dont s'enivrait la nuit,
Succède, par les cieux, le chant de l'alouette ;

Elle semble railler, de sa voix aigrelette,
  Mon bonheur, qui s'évanouit.

C'est le jour ! c'est le jour !... Les étoiles sont mortes...
C'est le jour, Souverain de la Réalité,
  Qui du Songe ferme les portes
Et rappelle au labeur la pauvre Humanité.

Adieu Bulbul ! adieu jusqu'à la nuit prochaine !
Oh ! qu'il sera cruel d'attendre jusqu'au soir !
Si longtemps ! si longtemps avant de te revoir !
Oh ! du moins, dit un mot pour consoler ma peine !

Mais non ! non ! point d'adieu ! plus de pleurs ! plus d'émoi !
  O Bulbul, quitte ces bocages !
  Je t'emmène... viens avec moi
  Dans mon grand palais de nuages !

BULBUL

Que dis-tu ?... ces bois, ces buissons
Désormais ne pourraient entendre mes chansons ?

TITANIA

Je t'aime... Le reste, qu'importe !
Viens ! je t'enroule dans ma robe... et je t'emporte...

BULBUL (avec un peu d'effroi)

Oh ! non ! oh ! non !...

TITANIA

Tu ne sais pas, petit chanteur
De ces campagnes étouffées,
La miraculeuse splendeur
Du palais de Titania, Reine des Fées.

Plus vaste qu'une ville, il dresse, en plein azur,
Cent clochetons de diamant, cent tours d'ivoire,
Avec cent coupoles d'or pur,
Sur qui l'arc-en-ciel flotte, en bannière de gloire.

Tout autour, des parvis rutilants et vermeils,
Dont les mosaïques sont faites
Avec des morceaux de comètes
Ou bien des débris de soleils.

Il surplombe, de ses terrasses balustrées,
Un joli fleuve mauve et rose, aux eaux lustrées,
Qui va flânant,
L'enrubannant
Dans le caprice de ses boucles
Et se jette en un lac tout rempli d'escarboucles

Viens! nous y pêcherons les conques purpurines,
Vivants écrins des perles fines
Que, chaque nuit, nous apportons, à pleines mains,
Aux fleurs des champs, des parcs, des fossés des chemins,
Pour que, chaque matin, la terre reposée
Se réveille avec sa parure de rosée!

Viens! des nefs aux voiles de soie
S'y balancent, sous les zéphyrs ivres de joie!
Elles nous mèneront, enlacés tendrement,
Bercés par des musiques douces,
Dans une île d'enchantement,
Où l'on cueille des étoiles parmi les mousses.

Mêlés aux rires des cascatelles sonores,
Nous entendrons, plus frais encore,
Les rires de mes sœurs aux prunelles d'aurore

Et toujours et toujours, au palais merveilleux,
Sur le fleuve rêveur, dans l'île aux lointains bleus,
O Bulbul, ce seront mille et une délices,
Renaissantes au gré de mille et un caprices
Et la splendeur des nuits et la splendeur des jours
Se confondront, dans l'extase de nos amours.

BULBUL

Ma tête tourne au seul récit de ces prodiges...
Grâce, Titania !.. J'ai déjà le vertige...
C'est trop !

TITANIA

Viens avec moi, petit !

TOUTES LES FÉES

Viens avec nous !

BULBUL

Je ne peux...

TITANIA

Tu seras mon maître et mon époux.

Toi, qui créas l'épithalame,
Où la nuit exhale son âme,
Ineffable magicien,
Qui nous dispenses des ivresses infinies,
Tu n'es qu'un exilé sur la terre, reviens
Reviens prendre ta place au milieu des génies !

LES FÉES

Viens avec nous ! viens avec nous !

TITANIA

Viens, Bulbul!.. tu seras mon maître et mon époux.

LES FÉES

Et nous, fidèles et ferventes
Nous serons, toutes, tes servantes

BULBUL

Hélas! Que deviendrais-je en ton palais?.. J'ai peur
J'ai peur de mal m'y reconnaître ;
Mon inspiration s'endormirait peut-être
Dans la torpeur.

Mon destin m'oblige ici-bas.
J'obéis à l'ordre suprême,
Sachant bien que je ne suis pas
Créé pour m'enivrer moi-même?

Je suis créé pour enivrer
La triste terre
Et je dois rester solitaire
Pour mieux pleurer.

Car lorsque mon chant se déploie,
Ce n'est qu'un hymne de douleurs,

Je fais au monde de la joie,
        Avec mes pleurs.

Aller vivre avec toi, c'est déserter ma tâche,
Au sein de tes plaisirs, je serais deux fois lâche.

Ne crois-tu pas, que sans ma petite chanson,
Il manquerait dans la campagne quelque chose?
En ne l'entendant plus, se flétrirait la rose
        Sur le buisson.

        D'ailleurs, aux clartés de ta gloire,
        Comme à la flamme un papillon,
        Je brûlerais, pauvre oisillon,
        Dans un martyre dérisoire.

        L'humilité fait le secret
                De mon génie;
        Dans ta splendeur il s'éteindrait,
                Je la renie !

TITANIA

Tu n'es rien qu'un petit méchant... un fourbe aussi!
Oui, fourbe!.. va conter aux autres tes sornettes!
        Si tu veux demeurer ici,

C'est pour y suivre une amourette.
Inutile de protester!.. J'ai bien compris ;
J'ai pénétré tout le mystère :
Le cœur de Bulbul est épris
D'une rose de ce parterre ;
C'est pour elle que, chaque nuit,
Jusqu'à l'heure où le matin luit,
Il chante, d'une voix si tendre et douloureuse !
Ah ! cette rose est trop heureuse !
Je suis jalouse d'elle... et je la flétrirai
Sous les soufles du Sud, que je susciterai.

BULBUL (suppliant.)

Non ! tu ne feras pas cela !

TITANIA

Je le ferai.

BULBUL

Une Fée oserait étouffer une Rose?

TITANIA

Je le ferai, si ton cœur ose
Plus longtemps me la préférer.

BULBUL

                              Connais-moi mieux!
Je n'ai pas envers toi ce tort injurieux.
T'en préférer une autre, à toi, l'incomparable!
Tu n'as pas de rivale, ô Douceur, ô Clarté
Et qui le penserait deviendrait condamnable
Pour un crime réel de lèse-majesté.
Mais ne serait-ce pas encor une autre crime
Si j'étais imprudent jusqu'à lever les yeux
            Vers toi, rayonnante et sublime
            Dont le palais est dans les cieux?...
Bulbul n'a pas le droit de t'aimer...

TITANIA

                              Stratagème
        De faux scrupules!... Si je t'aime,
        De quoi vas-tu t'embarrasser!

BULBUL

Mais ton amour n'est rien qu'un caprice, peut-être...
        Aussi vite qu'il vient de naître,
        Du soir à l'aube, il peut passer

TITANIA

Un caprice, eh bien! soit!... De cette fantaisie,
        Il faut que je me rassasie,

Un caprice est le plus exigeant des désirs.
Donc, à l'ordre de ce tyran : « Mon bon Plaisir »
Obéis !

BULBUL

Mais...

TITANIA

Ce n'est qu'un jeu pour ma puissance
De forcer ton obéissance
Obéis ! obéis ! suis-moi
Sans plus demander de pourquoi,
Ou sinon, par un coup de baguette magique,
Je t'envoie au palais féerique !
Suis-moi !

BULBUL (à part)

Je suis perdu.

TITANIA

Trop d'hésitation !
Pour t'enlever, je fais la conjuration
Qui va te lancer dans l'espace.

BULBUL (suppliant)

Oh ! Titania !

TITANIA

Point de grâce !

(elle lève sa baguette magique)

BULBUL

Je suis perdu, c'est évident

[Tout-à-coup, l'âne Aliboron se précipite à travers
la scène, en bousculant Titania et les Fées]

ALIBORON

Hi han! hi han! hi han! hi han!

TITANIA

Sot animal! il a fait tomber ma baguette...
Le charme est sans effet...

[Aliboron se livre à des bonds et des gambades
grotesques. Titania et les Fées éclatent de rire]

TITANIA

Il se croit beau, vraiment!
Il tourne sa queue en trompette
Et me regarde tendrement!

TITANIA ET LES FÉES

Ah! ah! ah! ah! ah! ah!

TITANIA (aux Fées)

Allons! de la tenue

Mes sœurs!

(Nouvelles gambades d'Aliboron — nouveaux rires)

TITANIA (à Aliboron)

Vas-tu finir, ô bête saugrenue!

ALIBORON (continuant de plus belle)

Hi han! hi han! hi han! hi han!

TITANIA

C'est bien, je crois
La plus désagréable voix
Que j'entendis même d'un âne!

(à Aliboron).

Non! tu n'est pas doué, mon ami, comme organe
Et comme grâce!

ALIBORON

Hi han! hi han!

TITANIA

Il est trop bête!... Allons-nous en
Avec Bulbul!

(Mais Bulbul a profité du désarroi pour sauter sur le dos d'Aliboron
qui s'enfuit dans une rapide galopade).

Ah! le fripon! il nous échappe
L'âne l'emporte!

(Aux Fées.)

Il faut, il faut qu'on le rattrappe!
Courons, courons, mes sœurs!

(Elle va pour se précipiter ; mais les Fées l'arrêtent et lui montrent le soleil, dont la clarté envahit l'Orient).

Trop tard! le soleil luit.

(Avec un geste de menace du côté où Bulbul et Aliboron sont sortis).

C'est bon! à la prochaine nuit!

SCÈNE TROISIÈME

MARJOLAINE, LUCETTE, PAQUERETTE
et autres Jeunes filles.

(Marjolaine entre vivement en scène, regarde du côté où ont disparu les Fées et semble suivre, un instant, leur vol dans l'espace. Puis elle se retourne du côté où elle a laissé ses compagnes et les appelle).

MARJOLAINE

Venez vite!

LACETTE, PAQUERETTE ET LES JEUNES FILLES

Quoi donc?

MARJOLAINE

Au-dessus des feuillages
Regardez ce brillant cortège aérien !

PAQUERETTE

Je ne vois rien...

LUCETTE

Je ne vois rien
Que des nuages...
(Les autres jeunes filles font un signe d'assentiment)

MARJOLAINE

Vous vous trompez ! Regardez-mieux !
Ce ne sont pas là des nuées ;
Mais c'est un chœur prestigieux
De Fées.

LES JEUNES FILLES (éclatant de rire)

Ah ! ah ! ah ! ah !

MARJOLAINE

Riez !... n'empêche qu'il est sûr
Que je viens de les voir se perdre dans l'azur.
Elles avaient de longs cheveux, telles les brumes

Où des reflets d'astres s'allument,
Leurs corps souples, légers, jeunes, éblouissants,
Tout roses, à travers les voiles frémissants
        Des blanches gazes,
    Semblaient des visions d'extase
    Et le char qui les emportait
    Resplendissait de clairs trophées.
    Non ! non ! point de doute ! c'était
    C'était un cortège de Fées.

LES JEUNES FILLES

Ah ! ah ! ah ! ah ! ah ! ah !

LUCETTE
                        Faut-il
Que ton esprit reste naïf et puéril !
    Il n'est plus, il n'est plus de Fées.
Même aux enfants, qui dans leurs nez mettent leurs doigts,
On n'ose plus conter ces bourdes d'autrefois.

PAQUERETTE

    Seule, tu crois à ces sornettes.
    Les savants, avec leurs lunettes,
Ont enfin découvert toute la vérité :
    Titania, Mab et la clique
    Qu'on appelait : Monde féerique,
    Tout ça n'a jamais existé.

LUCETTE

Marjolaine, ma pauvre folle,
Tu n'as rien appris à l'école.

(de nouveau, rire général).

SCÈNE QUATRIÈME

LES PRÉCÉDENTS, LE PÈRE GRELU, Puis VINCENT,
FRANÇOIS, CLAUDE.

LE PÈRE GRELU

Hé! les belles! déjà debout, si bon matin!
Et déjà même en train de rire!

LUCETTE

Bonjour, père Grelu! vous voyez on respire.
La fraîche rosée et le thym.

LE PÈRE GRELU

D'ordinaire dans le village,
C'était moi le premier levé. Dame! à mon âge,
On dort mal; le sommeil n'est point l'ami des vieux.

MARJOLAINE

Mais, cette nuit, c'est vous qui dormîtes le mieux
On ne s'est pas couché.

LE PÈRE GRELU

Quoi! petites perverses!

MARJOLAINE

Ah! cette nuit était si belle!... Des averses
D'étoiles criblaient d'or les champs du firmament
Et pour dire tout le nocturne enchantement,
Un rossignol, dans les buissons de cette sente,
A prolongé son chant jusqu'à l'aube naissante...

LUCETTE

Pour le mieux écouter, on est resté dehors.
On vous dit tout.

PAQUERETTE

Voilà nos torts!

LE PÈRE GRELU

Ouais! la confession est-elle bien complète?
Les amoureux n'étaient-ils pas de cette fête?
Et ne chantaient-ils pas comme le rossignol,

La chanson des baisers furtifs, qu'on prend au vol?
Bon ! ne rougissez pas si fort !... en fin de compte,
C'est pour nous qu'est toute la honte,
Pour nous, les cassés, les perclus,
Dont les jeunes ardeurs furent, mais ne sont plus..
...Mais tout de même votre joie est égoïste,
Ce beau temps éternel, ce n'est pas gai, c'est triste
(Gestes de protestations des jeunes filles).
Mais oui, mais oui, fermez le bec !
Il fait trop sec, il fait trop sec :
La terre a soif, elle se gerce.
Les étoiles, la nuit, pleuvent du firmament,
C'est peut-être un tableau charmant,
Mais je voudrais une autre averse
Apportant la bonne eau du ciel, tout simplement...
La pluie ! la pluie ! il nous en faut abondamment,
Mais, pour sûr, ce n'est pas encore
Aujourd'hui qu'elle va venir !.. Voyez l'aurore !

MARJOLAINE

Comme elle est belle! Elle fleurit tout l'orient
Avec des palmes d'or, des jacinthes, des roses...

LE PÈRE GRELU

Oui, oui, tu vois toujours les choses
Dans une extase, en souriant;

On te connaît, la folle!.. Et puis, les belles filles
Ça ne songe qu'à ce qui brille,
Nous les vieux, nous songeons à l'utile, d'abord
Et ce n'est pas à nous le tort.
L'amour, le beau soleil, les douces nuits, tarare!
Ça se chante sur la guitare
Tra deri dera, tra la la!
Mais ça ne nourrit pas, mes enfants ; c'est la terre
Qui nous fournit le pain... quand on la désaltère
Hé donc! il faut qu'il pleuve, là!
*(Entrent Vincent, François, Claude et autres jeunes
hommes, avec des instruments de travail).*
Pas vrai, les gas?

VINCENT

Le vieux a raison : faut qu'il pleuve.
Et que la campagne s'abreuve...

FRANÇOIS

Les récoltes vont se flétrir
Et les bêtes n'ont plus d'herbe pour se nourrir...

CLAUDE

Nous autres, sans la pluie, en vain on s'évertue...
La bêche, ce n'est rien...
(Montrant le ciel).
Faut le grand Arrosoir

LE PÈRE GRELU

Jadis, dans le pays, on avait la statue
        D'un grand Saint, qui faisait pleuvoir...
Il suffisait de lui tresser quelques guirlandes,
        De lui faire beaucoup d'offrandes
        Et de belles processions...
Et ça pleuvait, pleuvait en bénédictions...
        Mais voilà que, certaine année,
Il a tant plu, tant plu, que sourdement minée
        La statue a foutu le camp
Et s'est brisée en mille, avec un grand boucan...

                        (Rire général).

Vous riez!... vous riez, selon votre habitude,
Pourtant ça n'est pas drôle et ce coup-là fut rude !
        Quand de la pluie on a besoin
Désormais à qui s'adresser?... On ne sait point...
Enfin! enfin!.. allez travailler tout de même,
Les gas !

VINCENT

        Soit! Mais d'abord, à celle que l'on aime
        Un baiser !
(Les jeunes gens embrassent les jeunes filles ; des couples se forment.)

LE PÈRE GRELU (se détournant

Je ferme les yeux.
C'est notre rôle à nous les vieux.

(Les jeunes gens embrassent les jeunes filles ; — puis tous se mettent en
en route pour la campagne, les jeunes filles sautillant au bras des jeunes
gens.)

SCÈNE CINQUIÈME

LE Père GRELU, LES CHEVRIERS,
LES BERGÈRES, LES TRAVAILLEURS.

(A la suite des jeunes filles et des jeunes gens, passent des chevriers et
des bergères, conduisant leurs troupeaux aux pâturages ; Les chevriers souf-
flent dans des chalumeaux ou des musettes — les bergères chantent une
villanelle, en tournant, entre leurs doigts, des quenouillettes et des fuseaux.
Puis viennent les travailleurs, qui vont aux champs. — Les uns accom-
pagnent des charrues, d'autres des chariots, que traînent des taureaux
sous le joug et où quelques femmes ont pris place. — Tous entonnent
un hymne joyeux, dont la poésie et la musique seront empruntées à
quelque vieille chanson de terroir.
Ce défilé, d'ailleurs, devra comprendre tout ce qui est susceptible de le
rendre pittoresque et d'en faire un tableau évoquant la poésie de la vie
rustique, à l'aurore.
Le père Grelu lève son bonnet au passage des travailleurs et semble les
encourager du geste. Il quitte la scène pour les accompagner quelque
temps).

SCÈNE SIXIÈME.

L'ANE ALIBORON (seul).

(Il entre d'un air attristé. Quelques instants, il suit des yeux le départ des
travailleurs; — puis il braie; — puis, comme c'est un âne de Féerie, il
parle) :

ALIBORON

Hi han! hi han! hi han! hi han!
Leur allégresse éclate en hymne bucolique,
Moi, je reste mélancolique.
Hi han! hi han! hi han! hi han!
Que le mal d'amour est cuisant!

Titania, c'est toi que j'aime,
Toi de qui je n'obtins qu'un sourire moqueur...
Hi han! hi han! pour être un âne, tout de même
On n'en a pas moins un cœur.

Oui, pauvre Aliboron,— c'est ainsi qu'on me nomme —
Me voilà maintenant amoureux comme un homme
Et celle à qui si follement,

S'adressent mes ardeurs vainement étouffées
    — O le trop douloureux tourment! —
C'est toi, Titania, toi, la Reines des Fées.

Titania, quand je te vois, mon front pâlit,
      Tout mon être aussitôt s'embrase,
      Ton seul sourire me remplit
            D'extase.

(Il prend un air penché).

Si ton voile odorant par le vent tourmenté,
      Me frôle... Ah! quelle fête!
Par un divin frisson, je me sens agité
      Du bout de la queue à la tête.

(Il fait la roue avec sa queue).

Il me semble que sur mon corps, au poil obscur,
      Poussent de flamboyantes ailes
Et que je vais voler aux sphères éternelles
      Comme Pégase. en plein azur

(Il braie avec délire, et pétarade des quatre pieds,... puis il redevient triste).

            Mais Titania me méprise;
            Voilà ce qui fait mon souci
                  Et me défrise,
            Si jose m'exprimer ainsi

Et le, plus vexant de l'affaire,
C'est que la belle me préfère
Bulbul, Bulbul, un oiselet de rien du tout,
Si petit que sur mon oreille il tient debout,
Bulbul, — un rossignol qu'en soufflant je culbute
Et qui n'a qu'une voix de flûte
Tandis que moi,
C'est à bon droit
Que je m'en vante :
Je possède une voix ample, forte, émouvante.

(Il braie formidablement).

Hi han! hi han! hi han! hi han!
C'est dépitant! c'est dépitant!

Cependant n'allons point désespérer si vite!
Je saurai faire reconnaître mon mérite.

Et tout d'abord, en politique génial,
Utilisons notre rival!
C'est lui-même qui va m'enseigner la manière
De séduire Titania, la Reine fière.

Pour un âne, mangeant du foin,
Je prétends que je ne suis point

Si bête qu'on se l'imagine,
          D'après ma mine.

On verra bien! on verra bien!
                    (On entent la voix du rossignol dans la coulisse).
Le voici le joli petit musicien !
                              (Entre Bulbul).

SCÈNE SEPTIÈME

ALIBORON, BULBUL.

ALIBORON

Bravo!... bravissimo!... Comme tu vocalises !
De t'entendre, ô Bulbul, mon cœur s'emparadise
          Et je ne sens plus mon ennui...
          Ainsi, non content de chanter la nuit,
          Maintenant tu chantes encore
          Dans le frais lever de l'aurore...
... Ce qui t'inspire — n'est-ce pas — c'est la gaîté
          De te sentir en liberté,
Car c'est un bien que l'on estime davantage
Après avoir failli tomber en esclavage...
Hé! cette liberté, petit, tu me la dois.

BULBUL

Je t'en redis ma gratitude, une autre fois.
Puisse naître bientôt l'occasion propice
        De te rendre, à mon tour, service!

ALIBORON

Vrai?

BULBUL

        Crois-tu que mon cœur est un cœur de moineau?

ALIBORON

Non! oh! non! je te sais aussi noble que beau..
Mais apprends que l'occasion que tu souhaites...
                              (il s'arrête, hésitant)

BULBUL

Eh bien?

ALIBORON

        Eh bien! elle est venue...

BULBUL

                        Ah! quelle fête!
Parle, parle, mon frère âne!... Dis-moi comment
        Par mon zèle et mon dévouement

Je pourrais te venir en aide,
Moi, si chétif, à toi le brillant quadrupède !

ALIBORON (toujours hésitant).

Voici donc Bulbul !... voici !... mais...

(Il s'arrête.)

BULBUL

Achève !...

ALIBORON

Puisque tu permets
Je... Pourtant...

BULBUL

Courage !

ALIBORON

Peut-être
Ma demande va te paraître
Un peu folle...

BULBUL

Je n'ai pas à le redouter :
L'âne est compté parmi les animaux sagaces.

3

ALIBORON

Eh bien donc! je voudrais que...

BULBUL

Que?...

ALIBORON

Tu m'enseignâsses

A chanter

BULBUL

Qu'as-tu dit? chanter, toi! toi!

ALIBORON

Moi-même!

BULBUL (éclatant de rire longuement.)

Ah! ah! ah! ah! ah! ah!... ah! ah! ah! ah! ah!

ALIBORON

Tu ris, très bien, Bulbul... et ce rire je l'aime
On dirait le glouglou d'un tonneau débondé...

BULBUL (repris de fou rire.)

Ah! ah! ah! ah! ah! ah!... ah! ah! ah! ah! ah! ah!

ALIBORON

C'est si drôle que ça ce que j'ai demandé?

BULBUL

Oh! oui!

ALIBORON

Pourtant...
          (Nouveaux rires de Bulbul.)
          Quand tu finiras, tout à l'heure,
Nous causerons...
          (Nouveaux rires.)
          Encore!...

BULBUL (cherchant à se calmer.)

          Aliboron... pardonne-moi!
Mais je n'aurai jamais... jamais fini je crois,
          A moins... à moins que je n'en meure...
          (Nouveaux rires)

ALIBORON

C'est bon! je m'en vais...

BULBUL

          Non! non! ne fais pas cela!
Reste! Tiens c'est fini! je ne ris plus! voilà!

ALIBORON

A chanter je puis bien prétendre
J'ai des poumons... Daigne m'entendre!

(Il brait violemment.)

BULBUL

Grâce! grâce! sois généreux!
Arrête! arrête!... c'est affreux!

ALIBORON

Que je ne tienne pas encore
La Méthode!.. soit!.. mais conviens
Qu'avec cet organe sonore
J'ai des moyens.

(Il recommence à braire avec énergie.)

BULBUL (se bouchant les oreilles)

Oh! là! là!

(Suppliant.)

Mon ami, mon frère,
Je conviens,.. je conviens de tout ce que tu veux,
Mais par pitié! cesse de braire!

ALIBORON

Bon! mais puisqu'il demeure acquis que j'ai le creux,
L'aigu, le plein, avec le souffle...

BULBUL

Ah! quel souffle! bandit! gueux! scélérat! Maroufle!

ALIBORON

Et le timbre...

BULBUL

Quel timbre! horreur!

ALIBORON

Il ne me reste plus, pour être un bon chanteur,
Qu'à chercher un bon professeur.

BULBUL

Oui, oui, c'est cela! cherche! cherche!

ALIBORON

J'aurai vite trouvé, si tu me tends la perche...

BULBUL

Qu'est-ce à dire?

ALIBORON

De ce maître point de souci :
Il est ici.

Qui mieux que toi pourrai-je élire?
(Bulbul repart d'un grand éclat de rire)
Bon! Voilà maintenant qu'il recommence à rire!

BULBUL

Eh bien non! me voici très grave!... Ecoute bien!
Mon cher Aliboron, j'ai dit: — (je le maintien)
Demande-moi ce que tu veux, je suis le tien.
Mais t'apprendre à chanter, non, non! en conscience
Cela dépasse ma science.
Je sens, vois-tu, que j'échouerais.
Impossible! mille regrets!

ALIBORON

Bon! je comprends : Bulbul est jaloux.

BULBUL

Moi!

ALIBORON

Sans doute!
Comme rival il me redoute.

BULBUL

Comme rival!

ALIBORON

Eh oui! sachant l'art de chanter,
Peut-être Aliboron pourrait le supplanter...
Tu crains de n'être plus le seul que l'on admire.
(Bulbul s'esclaffe, plus que jamais).

ALIBORON

Ah! ce n'est pas dans l'art de rire
Que je pourrai te surpasser évidemment :
        Tu ris, supérieurement.
        Pourtant, prends garde! s'il arrive
        Qu'un méchant t'entende, j'ai peur
        Qu'il te prenne pour une grive,
        Saoûle des vignes du Seigneur.

BULBUL

Tu m'insultes! — Te l'avouerai-je?
J'aime mieux ça que ton solfège.
... Voyons, quadrupède charmant,
Raisonnons tous deux, un moment!
C'est bien à tort que tu t'irrites :
Tu ne peux pas avoir, pourtant, tous les mérites.
N'as-tu pas déjà la beauté?

ALIBORON

Ça c'est juste.

BULBUL

La Majesté?

ALIBORON

On ne peut dire le contraire

BULBUL

L'intelligence?

ALIBORON

Tous, sur ce point, sont d'accord

BULBUL

Et puis, tu possèdes encor
Le « je ne sais quoi », l'art de plaire,
L'air conquérant et séducteur.
Qu'as-tu besoin, après cela d'être chanteur?
L'art de chanter, fi donc! c'est peu de chose! Laisse
Aux oiselets de mon espèce.
Ce talent si menu, — si fragile parfois! —
Car on a vite fait de se casser la voix.
Enfin, mon cher Aliboron, pour tout te dire,
Quand je chante, comment je fais, je ne sais pas
Et de te l'expliquer grave est mon embarras.
Je chante, comme je respire,

Parce que la douceur de la nuit met en moi
      Un enchantement, un émoi,
Parce que, dans le ciel, les étoiles m'invitent,
      Avec leurs yeux d'or, qui palpitent,
      A m'unir à leur divin chœur ;
      Parce que la Rose, qui rêve,
      Quand je prélude, se soulève
      Et m'enivre, en m'ouvrant son cœur.
Voilà tout mon secret !

ALIBORON

      Très bien ! je crois comprendre :
Pour bien chanter, il faut posséder un cœur tendre,
C'est mon cas : j'ai le cœur rempli de passion.

BULBUL

Et puis, il faut surtout de l'inspiration.
      Comment vient-elle ?... Je l'ignore
      Je ne suis qu'un écho sonore
      Lorsque j'entends l'hymne éternel
      Qui monte de la terre au ciel,
      Il suffit que je le redise...
L'entends-tu, comme moi, qui chante dans la brise ?

ALIBORON

Ma foi ! je n'entends rien... je n'entends rien du tout...
Je possède pourtant une paire d'oreilles...

BULBUL

Admirables !

ALIBORON

Les gens de goût
Quand je les dresse, s'émerveillent.

BULBUL

Certes, ils ont raison....

ALIBORON

Donc, je ne suis pas sourd
Eh bien ! je n'entends pas cet hymne...

BULBUL

Patiente,
En gardant l'âme confiante,
Patiente, ami, jusqu'au jour
Où tu l'entendras ! — A ton tour,
Tu chanteras, à ta manière,
Les monts couronnés de lumière
Et les vallons ombreux et la rosée en pleurs
Baignant les calices des fleurs...

ALIBORON

Non ! je me sens enclin à chanter d'autres choses :
J'estime les chardons supérieurs aux roses

Et je tressaille, quand, de loin
J'aperçois un grand pré de luzerne ou de foin

BULBUL

Eh bien ! Aliboron, voilà ! chante le foin !
(Il se sauve, en riant follement).

SCÈNE VIII

ALIBORON, seul

ALIBORON

Il se moque de moi... n'importe !
Je lui pardonne : Il est jaloux de ma voix forte,
Mais je tiens le secret, je l'utiliserai :
Pour être bon chanteur, il faut être inspiré ;
Je le suis... je m'en vais faire des exercices...
Si mon organe est dur, il deviendra de miel
Et quand Titania redescendra du ciel,
C'est moi, c'est moi, c'est moi qui ferai ses délices.
(Il gambade joyeusement).
Travaillons !
(Il se met à braire, avec furie).

SCÈNE IX

ALIBORON, MARJOLAINE, LUCETTE,
PAQUERETTE, ET LES JEUNES FILLES
(Les jeunes filles entrent, affolées).

1re JEUNE FILLE

Saints du ciel ! tais-toi ! tais-toi ! tais-toi !

2ᵉ JEUNE FILLE

C'est horrible ! tout le village est en émoi.

ALIBORON (aux jeunes filles).

Vous même, taisez-vous !
(Reprenant ses exercices).
A la deuxième strophe !

TOUTES (avec désespoir).

Il recommence !
(Marjolaine, Lucette, Páquerette entrent, éperdues).

MARJOLAINE

C'est comme une catastrophe :

Les enfants, ne sachant quel est ce bruit affreux,
Se cachent sous les lits, poussant des cris peureux...

PAQUERETTE

Notre pauvre voisine est prise
D'une attaque de nerfs... elle mord sa chemise...

LUCETTE

Et la nôtre vient d'avorter.

TOUTES

Tais-toi! tais-toi!! tais-toi!
(Elles l'entourent, ramassent des pierres et le menacent).

ALIBORON (fonçant sur elles).

Retirez-vous, femelles!
Allez joindre vos amoureux par les venelles
Et laissez-moi chanter!

LUCETTE

Il appelle cela : chanter, le misérable!

MARJOLAINE

Mon pauvre Aliboron, quitte un espoir coupable!
Ne lève pas, avec orgueil, ta queue en l'air!
Mon pauvre Aliboron, tu n'es pas « Chantecler ».

ALIBORON (avec orgueil).

Je suis mieux : « Chantecler » fait se lever l'aurore
Et moi, je fais...

LUCETTE

Hélas! tu vas faire pleuvoir.

MARJOLAINE

Cela ne peut manquer si tu chantes encore.
Regarde l'horizon déjà devenu noir!

PAQUERETTE

Grands Dieux! de toutes parts, accourent les nuages!

MARJOLAINE

Tout à l'heure, le ciel était si bleu, si bleu!
De grâce, Aliboron, ne brais pas davantage!

ALIBORON

Je chanterai, tant qu'il me plaît.
(Il recommence à braire, formidablement) — Un
coup de tonnerre retentit. La pluie tombe)

LUCETTE

Ça y est! il pleut!

MARJOLAINE — LUCETTE — PAQUERETTE

Ah! pour le coup, il recevra ce qu'il mérite.

(Elles arrachent des branches d'arbres... les autres jeunes filles les imitent
et toutes bâtonnent Aliboron...Apparaissent au loin le père Grelu,Vin-
cent,Claude, François et d'autres paysans...)

PAQUERETTE

Voici du renfort!

LUCETTE (Aux nouveaux arrivants)

Venez vite!

MARJOLAINE (appelant)

Claude!

LUCETTE

François!

PAQUERETTE

Vincent!

TOUTES

Aidez-nous! aidez-nous!

SCÈNE X

LES PRÉCEDENTS, LE PÈRE GRELU
VINCENT, CLAUDE, FRANCOIS, D'AUTRES PAYSANS
HOMMES ET FEMMES

LE PÈRE GRELU

Doucement! Qu'a-t-il fait pour recevoir des coups?

PAQUERETTE

N'entendites-vous pas cette horrible musique
Dont il déchirait l'air, comme avec un rabot?

LUCETTE

Il poussait, il poussait des braiements hystériques,
A faire trépasser tous les neurasthéniques,
C'était terrifiant, lugubre!

ALIBORON (avec fierté)

C'était beau.

MARJOLAINE

C'était si beau que les nuées
Au firmament se sont ruées
Et le tonnerre, avec fureur,
A grondé, pour couvrir l'effroyable chanteur.

LE PÈRE GRELU (avec admiration.)

Comment! c'est lui qui fit pleuvoir?

LUCETTE

C'est sa romance.

LE PÈRE GRELU

Et vous osez le bâtonner, en récompense?

FRANÇOIS

Eh quoi! c'est lui qui fit éclater dans le ciel
L'orage providentiel?

VINCENT

C'est lui qui fit tomber cette belle avalanche,
Où la pluie, en bienfaits, sur la terre s'épanche?

ALIBORON (ivre d'orgueil.)

Oui, c'est moi-même, c'est bien moi qui fis pleuvoir,
Mon chant surnaturel possède ce pouvoir.

4

LE PÈRE GRELU

Louange à toi!

LES HOMMES

Reçois l'universel hommage!

ALIBORON

Seul, je connais le chant, dont le divin langage
Emeut le ciel et peut l'apitoyer sur vous.

TOUS

Honneur, honneur à toi!

LE PÈRE GRELU

Nous te bénissons, tous.

ALIBORON

Mais non! mon chant est mieux qu'un cantique efficace
Pour implorer les Saints et mériter leur grâce;
Il est le Verbe...

(Ahurissement de l'auditoire).

Il est le Verbe, tout-puissant,
Qui par le rythme et par l'accent,
Commande les forces cosmiques,
En détourne les influences maléfiques
Et capte, à nos profits, l'élément bienfaisant.

TOUS (émerveillés de ne pas comprendre.)
C'est cela ! c'est cela !

LE PÈRE GRELU

Grand Maître,
Nous t'avions méconnu. Mais modeste et discret,
Longtemps tu dédaignas de te faire connaître.

ALIBORON

Eh bien ! connaissez-moi ! J'ai livré mon secret.

LE PÈRE GRELU

Salut, grand Enchanteur de la foudre qui gronde !
Salut, Magicien de l'averse féconde !
Salut ! dorénavant, nous voulons que ton nom
Devienne : Maître Aliboron.

FRANÇOIS

Le grand Saint, qu'on priait pour obtenir l'orage,
Ne faisait pas pleuvoir plus vite et davantage.

LE PÈRE GRELU (à la foule, montrant Aliboron.)

Le Saint ! peut-être est-il en lui réincarné.

FRANÇOIS

Je n'en serais pas étonné.

LE PÈRE GRELU

Cet animal ne doit plus faire de service.
        Que le Conseil municipal
Vote, pour l'honorer, un culte spécial!
Il est sacré.

ALIBORON

        Voilà que l'on me rend justice.
        Enfin!. Enfin!.. mais l'ennuyeux,
        Mes amis, c'est que je me mouille.
        Je ne suis pas une grenouille;
        J'ai peur que ma voix ne se rouille.

LE PÈRE GRELU

A quoi donc songeons-nous, en effet?. Eh! les gas,
A maître Aliboron, faites un matelas
        De vos épaules!.. Vous, les filles,
Jetez sur lui fichus, écharpes et mantilles
Pour préserver son poil sous un épais manteau!
    (Les jeunes filles s'empressent de couvrir Aliboron: les jeunes gens se
disputent l'honneur de le porter sur leurs épaules).

LE PÈRE GRELU

Et maintenant, courons, mes enfants, au hameau!
        Avec une voix triomphante,

Crions la nouvelle étonnante,
Qui partout répandra l'espoir :
Nous avons un âne qui chante
Et dont le chant est un miracle : il fait pleuvoir !
(Tous se mettent en marche pour le village. Cortège triomphal).

RIDEAU

ACTE DEUXIÈME

Un carrefour planté d'arbres, à proximité d'un village.

SCÈNE PREMIÈRE

TITIANA, LA FÉE DES SONGES HEUREUX,
LA FÉE DE LA ROSÉE, LA FÉE DES BRUMES, LA FÉE DES
ÉTANGS ET AUTRES FÉES

TITANIA

Ah ! le délicieux voyage !
Pour descendre de nos nuages,
Nous n'avons jamais eu, — convenez-en, mes sœurs, —
Un arc-en-ciel aux si belles couleurs...
Et la terre est charmante après ce grand orage :
La pluie a reverni, tout à neuf, le décor;
Les fleurs embaument... Mais qu'est-ce à dire?... Ai-je tort?
Vous ne répondez rien....
(Les Fées détournent la tête, avec une moue boudeuse)

Ah ! ah ! ces demoiselles
Me boudent... Et pourquoi, s'il vous plaît, boudez-vous ?

LA FÉE DE LA ROSÉE

C'est que tu n'as vraiment nulle pitié de nous :
Ce grand soleil brûle nos ailes.

LA FÉE DES SONGES HEUREUX

Par cet après-midi d'été,
Tu ne crains pas de nous ramener sur la terre !
J'en suis sûre, mon teint s'altère....
C'est de la pure cruauté !

LA FÉE DES ÉTANGS

Je me dessèche, hélas !

LA FÉE DES BRUMES

Et moi, je m'évapore.

LA FÉE DES SONGES HEUREUX

De service la nuit et puis le jour encore,
C'est trop !

TOUTES LES FÉES (avec ensemble).

C'est trop ! c'est trop !

TITANIA

La révolte! fort bien!

TOUTES LES FÉES (avec énergie)

La grève!

TITANIA

Mieux encor!... Mais je suis la plus forte :
Je vous raye de mon escorte.
Vite, filez vers mon palais aérien!
Pour votre châtiment, pendant trois cents années,
Vous devrez vous vêtir de toiles d'araignées...

TOUTES LES FÉES

Oh!... oh!...

TITANIA

Ce n'est pas tout : Rongeant votre dépit,
Pour d'autres que pour vous travaillant sans répit,
Vous devrez tisser cent mille robes, chacune,
De rayons d'arc-en-ciel et de rayons de lune.

LA FÉE DE LA ROSÉE

Titania!... nous voulions rire...

TITANIA

Ah! ah! vraiment!

LA FÉE DES SONGES HEUREUX

Tu prends les choses au tragique.

TITANIA

Non, pas! je voulais rire aussi dans ma réplique,
Tout simplement!...
De quoi vous plaignez-vous voyons?... Suis-je inhumaine?
Pour votre amusement ici je vous ramène.

LA FÉE DES BRUMES

Mais quel genre d'amusement?

TITANIA

Il ne faut pas
Que je le disc,
Puisque c'est une surprise,
(bruit d'orphéon.)
Mais tenez! écoutez!!! cet orphéon, là-bas!

TOUTES LES FÉES

Eh bien?

TITANIA

C'est le plaisir annoncé qui commence,
(Le bruit se rapproche).
Et qui, peu à peu, jusqu'à nous s'avance.

LA FÉE DES ÉTANGS

Ah! drôle de plaisir!

LA FÉE DES BRUNES

C'est plutôt ennuyeux.

LA FÉE DE LA ROSÉE

A vrai dire, j'espérais mieux
Que ce bastringue de village,

LA FÉE DES SONGES HEUREUX

C'est à fuir, c'est à fuir ce grotesque tapage!

TITANIA

Ne fuyez pas!.. bientôt vous apprendrez pourquoi.
Ayez donc confiance en moi!...
Cachez-vous, un instant, au milieu du feuillage!
(Les Fées montent prestement dans les arbres ou se
dissimulent derrière les buissons).

SCÈNE II

LES PRÉCÉDENTES (cachées).
1ᵉʳ POMPIER. — 2ᵉ POMPIER. — et leurs aides.

(Les aides portent des échelles, des lanternes vénitiennes, des lampions,
des cartouches décoratifs. Guidés par les pompiers, ils font des pré-
paratifs de fête, enguirlandent les arbres, plantent des piquets, suspen-
dent les illuminations. Pendant ce temps, les pompiers causent).

PREMIER POMPIER

Alors, ça chauffe dur!

DEUXIÈME POMPIER

Tu parles! c'est coquet!..
Pour la troisième fois, on est en train de boire
Un « vin d'honneur » à la gloire
Du bourriquet.

PREMIER POMPIER

De maître Aliboron, tu veux dire.

DEUXIÈME POMPIER (saluant).

C'est juste :
De maître Aliboron, le bourriquet auguste.

PREMIER POMPIER

Faut donner à chacun son titre respectif,

DEUXIÈME POMPIER

C'est dans le règlement; ne soyons pas fautif!

PREMIER POMPIER

Tout de même, ce bougre d'âne
Est d'une grande utilité,
S'il est vrai qu'avec son organe
Il peut faire tomber la pluie, à volonté.

DEUXIÈME POMPIER

Sûr que rapport aux champs, c'est commode...

PREMIER POMPIER

                            Et j'y pense
Pour la pompe!

DEUXIÈME POMPIER

Encor plus, c'est vrai...

PREMIER POMPIER

                            Progrès immense
Pour la pompe! Autrefois, lorsque ça prenait feu,
On ne pouvait jamais trouver d'eau, sacrebleu!

Tous les pompiers, avec leurs haches [1], casque en tête,
Étaient présents; la pompe astiquée était prête
Et le maire, avec le Conseil Municipal,
S'amenait... Mais de l'eau, jamais, c'était fatal...
Alors, stoïquement, sans nulle rouspétance,
On regardait brûler, les pieds joints, en silence,
Et l'on ne s'en allait que quand c'était éteint...
Pourtant, dans les journaux, le lendemain matin,
Malgré nos dévouements et notre discipline,
On lisait contre nous des critiques mesquines.

DEUXIÈME POMPIER

Ça n'arrivera plus maintenant, nom de nom!

PREMIER POMPIER

On fera venir Maître Aliboron
Pour qu'il pousse quelques romances
De circonstance;
Si ça réussit comme cette fois
Plus rien à craindre!
Tout le village prendrait feu que, pour l'éteindre,
Il tomberait toujours assez d'eau sur les toits.
(Il interpelle les aides et les active dans leur travail).
Blaguez pas, là haut! le temps presse...
(à son camarade).

(1) Prononcer z'aches.

On nous attend au *Café de la Presse*
Avec les Camaros... Graves décisions
A prendre pour ce soir!... Festival grandiose,
Retraite aux flambeaux, Bal, Illuminations...
    C'est sur les pompiers que tout ça repose...
Pour régler proprement les détails, faut qu'on cause,

DEUXIÈME POMPIER

Bon sang! comme l'idée a vivement marché !

PREMIER POMPIER

L'enthousiasme...et puis, c'était jour de marché!
Tout le monde a compris qu'il faut que l'on honore
Les gloires du pays...

DEUXIÈME POMPIER

    Dame! c'est le devoir.

PREMIER POMPIER

    Tu ne sais pas : j'ai bon espoir
Que Dimanche prochain, on recommence encore.

DEUXIÈME POMPIER

Toujours pour le baudet?

PREMIER POMPIER (le reprenant).

Pour Maître Aliboron !

DEUXIÈME POMPIER

C'est juste.

PREMIER POMPIER

Faut chauffer ça ! nous rigolerons.

DEUXIÈME POMPIER

Sûr ! qu'on décore un âne ou bien une rosière,
Qu'importe ! de toute manière
Ça fait venir du monde.. et l'on fait beurre et lard,
Quand on est un peu débrouillard.

PREMIER POMPIER

Moi, je propose un beau programme aux camarades :
Ecoute bien ! — je l'ai couché sur le papier : —
(Il déploie une grande feuille et lit :)
Grande Revue... avec la pompe... et les pompiers,
Puis, défilé par escouades...

DEUXIÈME POMPIER

A distance entière?

PREMIER POMPIER

Toujours...
(continuant à lire)
Sur la place, le défilé fera deux tours...
Puis, manœuvre de la pompe...

DEUXIÈME POMPIER

A sec?

PREMIER POMPIER

C'est l'usage...
Je ne t'en dis davantage :
Avec ça seulement, pas vrai, nous sommes sûrs
Que les Parisiens viendront tous dans nos murs.

DEUXIÈME POMPIER

La gare, dès le premier train, en sera pleine.

PREMIER POMPIER

Même que moi, mon vieux, j'attends une certaine...
(Il lui parla bas à l'oreille)

DEUXIÈME POMPIER

Mince alors!.. Excusez du peu!

PREMIER POMPIER

Que veux-tu?.. l'on fait ce qu'on peut...

DEUXIÈME POMPIER

Eh bien donc! confidence égale!
Ecoute, aussi! Pour moi, j'attends...
(à son tour, il lui parle bas à l'oreille.)

PREMIER POMPIER

Sardanapale!

DEUXIÈME POMPIER (ahuri)

Comment qu'tu dis?

PREMIER POMPIER

Sardanapale!

PREMIER POMPIER (d'un air froissé)

Entre pompiers
C'est pas chic de s'injurier.

PREMIER POMPIER

C'est pas une injure; au contraire
C'est un compliment qui devrait te plaire.

DEUXIÈME POMPIER (encore inquiet)

Sardanapale!

PREMIER POMPIER

Eh oui? faut pas te désoler :

5

C'est un mot comme ça,.. qui sert dans le grand monde...
Ça veut dire : quelqu'un qui... qui sait rigoler...

DEUXIÈME POMPIER

En ce cas, tu n'as pas tort... ce qu'elle est gironde!
(De nouveau, il lui parle bas à l'oreille.)

PREMIER POMPIER

Dis donc, sois raisonnable!

DEUXIÈME POMPIER

Hé! pour sûr, un pompier!
Un pompier, ça sait l'art d'éteindre à temps la flamme.

PREMIER POMPIER (sévère).
Notre honneur à tous le réclame :
Veille à ne pas t'avarier!...
Mais tout de même, ici, faudrait finir l'ouvrage.
(Interpellant, de nouveau, les aides).
Hé, là-haut.. les feignants? ça se tire?

UN AIDE

On descend.
Plus que deux lampions à placer...

PREMIER POMPIER

Ah! bon sang!

C'est pas dommage!
J'en ai mon sac de turbiner.

(L'orphéon se fait entendre, tout près.)

DEUXIÈME POMPIER

L'Orphéon !

PREMIER POMPIER (précipitamment).

Retirez l'échelle !
Le cortège va s'amener.

(Les Aides descendent en hâte. Le premier Pompier les aligne et les passe en revue).

PREMIER POMPIER

Attention ! la circonstance est solennelle...
De la tenue et de l'allure, nom de nom !
Car voici Maître Aliboron !

(Acclamations enthousiastes. Aliboron entre couronné de roses, enguirlandé de feuillages, pomponné, enrubanné, la queue tressée de fleurs. Des personnages. qui paraissent importants, forment autour de lui une première escorte. L'Orphéon les suit, déchaînant une marche de victoire ou un hymne de sacre. Et une foule nombreuse vient par derrière : hommes. femmes, enfants, vieillards. Des branches d'arbre s'agitent au bout des bras... Tous sont en goguette et montrent des faces enluminées. On voit passer, en riant et en dansant, des bandes de garçons et de filles enlacés... Cris de femmes chatouillées... Des enfants tirent des pétards etc. etc...)

SCÈNE TROISIÈME

LES PRÉCÉDENTES, ALIBORON, LE PÈRE GRELU, MARJO-
LAINE, LUCETTE, PAQUERETTE, VINCENT, CLAUDE, FRANÇOIS,
LA FOULE, L'ORPHÉON.

(Aliboron s'arrête et fait signe qu'il veut parler. Son geste n'ayant pas été
compris, il donne de la voix).

ALIBORON

Hi han! hi han! hi han!

LE PÈRÉ GRELU

Ecoutez-le! silence!

Il veut parler.

ALIBORON

Hi han!... Honorable assistance...

TOUS

Bravo! bravo!...

ALIBORON

Je suis sensible extrêmement

A vos hommages... mais permettez qu'un moment
Je m'y dérobe...

LA FOULE

Non! non! il est trop modeste...

ALIBORON

Je sens un grand besoin d'aller faire la sieste
       Car c'est l'heure chaude du jour...

UNE PARTIE DE LA FOULE

Oh! oh!

L'AUTRE PARTIE

Si! si! repose-toi, c'est bien ton tour...

ALIBORON

Mais avant de rentrer dans ma modeste étable...

UNE VOIX

Nous te ferons bientôt construire un palais d'or.

LE PÈRE GRELU

Chut!

ALIBORON

    Avant donc de nous quitter, je veux encor
Vous dire à tous : merci!

QUELQUES VOIX

Non!

ALIBORON

Je veux...

LES MÊMES VOIX

C'est nous-mêmes
Qui te remercions...

ALIBORON

Je veux...

LES MÊMES VOIX

Non!

LE PÈRE GRELU

Anathème
Sur les interrupteurs!

D'AUTRES VOIX

Il a raison...

LES PREMIÈRES VOIX

Pourtant...

LES AUTRES

Mort aux interrupteurs !
(Une dispute s'engage dans la foule ; Aliboron en domine le tumulte
par des braiements).

ALIBORON

Hi han ! hi han ! Hi han !

VOIX NOMBREUSES (accompagnées d'applaudissements).

Bravo !
(Le silence se rétablit).

ALIBORON

Je veux vous dire, avec l'âme attendrie,
Que si je suis touché de tant de flatteries,
J'ai compris, à travers vos élans spontanés,
Que ce n'est pas à moi que vous les décernez.
Non ! en moi vous fêtez les souverains principes
Par lesquels nous voulons que l'esprit s'émancipe
Et dont je suis l'apôtre...

TITANIA (de sa cachette).

Un Saint-Jean Bouche d'or ?

ALIBORON

Ces principes, auxquels nul ne peut donner tort,

Concernent l'Art et son action souveraine
Dans la ci-vi-li-sa-ti-on contemporaine.

QUELQUES VOIX

Bien dit ?... Il parle mieux que notre député.

D'AUTRES

Pour sûr!

LE PÈRE GRELU ET LA MAJORITÉ

Taisez-vous donc!

ALIBORON

         Dans la So-ci-é-té
Future, — car je suis un ardent Futuriste, —
Dans la Société, — (n'étant pas égoïste,
Je donne au mot son intégrale acception
      Et j'y vois la communion
       Fraternelle, exempte de haine,
De l'espèce Animale et de l'espèce Humaine...

TOUS

Admirable!

ALIBORON

    Hommes et bêtes ne faisant qu'un

Et chacun soulageant chacun.
(Applaudissements enthousiastes).

ALIBORON

Donc, au sein de l'Animalité futuriste,
Il y a place encor, mes amis, pour l'artiste,
A la condition pourtant qu'il ne soit point
        Un rêveur, mais qu'il prenne soin
D'être utile !

TOUS

    Très bien !

TITANIA

      Politique, Esthétique
De maître Aliboron... Ecoutons !

ALIBORON

             Je m'explique

TITANIA

Ah ! merci !

ALIBORON

    L'Art périt de n'être rien que l'Art,
— Spectacle désolant, mais très logique — car
Il faillit à son but. Il ne vise qu'à plaire

Alors qu'à nos besoins il devrait satisfaire,
Non pas à des besoins vagues, spirituels,
Mais à ceux-là qui sont nos besoins naturels.

TITANIA

Shoking!

LE PÈRE GRELU (se tournant vers la foule.)

Hein! c'est senti!

ALIBORON

        Vous ne comprenez pas
Peut-être?..

TOUS (protestant).

Oh!...

LE PÈRE GRELU

Nous crois-tu d'entendement si bas?

ALIBORON

J'ai voulu dire que peut-être
Je ne me suis pas bien fait comprendre...

LE PÈRE GRELU

        Grand Maître,
Ton verbe est lumineux...

UN AUTRE

        Il donne le frisson
Du sublime !

ALIBORON

    Je pose une comparaison

TOUS

Inutile !

ALIBORON

   Non ! il est mieux que je la pose
    Et pour cela, je mets en cause
Le Rossignol.. et Moi..
                  (Avec modestie).
        si vous le permettez...
Or donc, Bulbul est plein de grandes qualités :
Il est un excellent chanteur, sans aucun doute,
Mais il charme... et c'est tout !... Le paresseux l'écoute
Et n'en retire aucun profit; — tandis que Moi,
J'ai peut-être la voix moins souple, moins docile,
Je suis moins bon chanteur, peut-être,... mais j'ai droit
     De proclamer que mon art est utile,
      Qu'il est bienfaisant, généreux
Et que par lui je sais rendre le monde heureux,
Puisqu'en chantant, je fais pleuvoir, tant que je veux !

TOUS (frénétiquement).

Bravo ! bravo ! bravo !

ALIBORON

Nul, parmi la nature,
N'avait trouvé ce chant d'une manière sûre,
Car je ne parle pas de quelques grands ténors
Qui font parfois pleuvoir, après de grands efforts,
Mais ne sont pas certains de ces notes aigues
Qui déchirent le ciel et font crever les nues...
Seul, j'ai trouvé le chant qui *toujours* fait pleuvoir.
(Tonnerre d'applaudissements.)
Amis, vous devez le savoir,
Je suis modeste, d'ordinaire,
Je puis pourtant, comme un fameux tambourinaire,
Dire : « — Ce m'est venu de nuit, en écoutant
Le petit rossignol chantant ».
Il faisait : « tu-tu-tu », d'une façon agile,
Mais je pensais : « Hélas ! comme c'est inutile ! »
Pendant qu'il modulait son chant de volupté,
Au ciel je ne voyais venir aucun nuage,
Mais, au contraire, davantage
Le firmament semblait plein de sérénité,
Et c'était comme une ironie
A votre tristesse infinie,
Travailleurs, fatigués d'arroser les sillons

Avec la sueur de vos fronts.
Alors, soudain, des pleurs emplirent ma prunelle,
Je me sentis pour vous une âme fraternelle
Et d'immense pitié cette âme se gonfla ;
Un cri profond s'en exhala,
Une note extra-or-di-naire
A laquelle, aussitôt répondit le tonnerre.
J'avais trouvé — Voici que je suis à présent
Maître du Verbe tout-puissant ;
A ma voix la clarté se voile,
Je souffle le soleil, je souffle les Etoiles.

(Recrudescence d'enthousiasme. Délire.)

ALIBORON (dominant le tumulte).

Hi han ! hi han ! hi han ! hi han !
Désirez-vous encor que je fasse pleuvoir ?

TOUS (avec élan).

Non ! non ! non !

LE PÈRE GRELU

C'est rapport aux fêtes de ce soir
Tu dois les présider. Ménage-toi grand Maître !

ALIBORON

En effet ! Il est mieux, veuillez le reconnaître,
Que j'aille un peu dormir ! Car vous avez compris

Combien je dois soigner ma voix, trésor sans prix !
Songez donc ! si jallais m'enrouer, pis encore
        Casser quelque corde sonore !
Quel désastre pour tous ! — Ici, de maint côté,
Je sens beaucoup de courants d'air, en vérité...
Je me retire donc, pour faire un peu la sieste
        Dans mon étable, si modeste !

LE PÈRE GRELU

Nous t'en ferons une autre en or, ça c'est promis.

ALIBORON

Au revoir, au revoir, mes frères, mes amis !
Surtout, n'oubliez pas qu'en toute circonstance,
        Je vous appartiens tout entier.
Qu'on m'appelle !... Aussitôt sans me faire prier,
        Je vous sortirai ma romance,
Pour crever sur vos champs les outres d'abondance !

LE PÈRE GRELU

Vivat Aliboron, quadrupède au grand cœur !

CHOEUR DE LA FOULE

        Vive le sublime chanteur !
        Vive notre grand bienfaiteur !

LE PÈRE GRELU

Reconduisons-le tous, en escorte d'honneur!

(Reprise de l'orphéon. Sortie et défilé triomphal d'Aliboron et de son cortège. Peu à peu, la furia de l'orphéon s'apaise par l'effet de l'éloignement. Le soleil décline vers les collines occidentales; une lumière attendrie baigne le paysage, qui reprend, son recueillement).

SCÈNE IV

TITANIA — LES FÉES

(Elles descendent, toutes, des arbres)

TITANIA

Hé bien! Qu'en dites-vous, petites?... Le spectacle
    Valait la peine qu'on le vît:
Un âne est devenu maintenant leur oracle
    Et c'est son chant qui les ravit.
    En nous, Princesses des Féeries,
Les hommes ne croient plus, pas même les enfants,
    Maintenant ils sont trop savants;
Mais un âne leur fait croire à ses âneries.
    Voilà de quoi nous venger pour de bon!
Ah! moi, je t'aime, je t'adore, Aliboron!

LA FÉE DES SONGES

Que dis-tu?... Ce n'est pas sérieux, je suppose.

LES AUTRES FÉES

Eh quoi? Bulbul... fini?

TITANIA

Je le laisse à la Rose

TOUTES LES FÉES

Oh!...

TITANIA

Non, rassurez-vous! je voulais rire... mais
Ce serait drôle, après tout, si j'aimais
Aliboron... du moins, si je lui laissais croire
Que je l'aime et suis prête à donner mon baiser
Pour couronnement de sa gloire,
Mieux encor : prête à l'épouser.

TOUTES LES FÉES

Oh! oh! oh! oh!...

LA FÉE DES SONGES

Titania, je t'en supplie,
Réfléchis bien : cette folie

Tu la fis déjà, certain soir, lorsqu'Obéron
      Voulant se venger d'une pique,
Troubla ta vue avec une herbe maléfique,
Et que tu crus aimer un autre Aliboron.
Pour te tirer de cette aventure honnie,
Tu sais qu'il ne fallut rien moins que le génie
De Shakespeare — un hasard l'amena, par bonheur,
Rêver au bois qui faillit voir ton déshonneur.
Mais il est mort, voilà longtemps, — plus de poëte
Capable de changer ce nouveau coup de tête
En un chef-d'œuvre poétique et théâtral,
Qui ferait four, d'ailleurs, en ce siècle banal.

TITANIA

C'est dommage!... Songez, la joyeuse hyménée !
      Comme épouse d'Aliboron,
Au milieu des humains, qui courberaient le front,
J'apparaîtrais soudain, par l'âne ramenée.

LES FÉES

Et nous?

TITANIA

Vous pensez bien qu'autour de moi j'aurais
     En cortège, toutes les Fées.
     Oh! les mines ébouriffées

6

De ces gens qui croyaient nous avoir étouffées
Sous les pavés de la Science et du Progrès!

LA FÉE DES SONGES

Mais cependant, ce mariage?

TITANIA

Grande fête! Orphéon! pompiers... puis, au moment
Où selon leur antique usage,
On doit prononcer le serment,
J'éclaterais de rire au nom de l'assistance
Et, dans des termes bien sentis,
Je dirais tout ce que je pense
A cette bande d'abrutis.

LA FÉE DES SONGES

Ça, je le reconnais, c'est bien la scène à faire.

TITANIA

Faisons-la! faisons-la! je la sens nécessaire.

LA FÉE DE LA ROSÉE

J'y vois des dangers... réfléchis!
(toutes les Fées approuvent)

TITANIA

C'est décidé!... plus de chichis!
Suivez-moi!.. Nous allons rejoindre en son étable
L'âne charmant, l'âne ineffable!
O cher Aliboron, vers toi, vers toi j'accours,
Je t'apporte mon cœur, vase brûlant d'amour.

(Elle sort, en riant, entraînant toutes les Fées.)

SCÈNE CINQUIÈME

BULBUL (seul).

BULBUL

Oui, c'est bien sûr, parmi cette morne contrée,
Moi, Bulbul, je n'ai plus de rôle désormais;
A la mienne la voix de l'âne est préférée
Et l'homme est devenu plus bête que jamais.

Ils ont dit que je suis un artiste inutile...
C'est fini! Je ne puis dominer ma rancœur...
Allons-nous en!.. Laissons cette race sans cœur,
Ingrate, grossière et vile!

Même Titania, Reine du Monde ailé,
Qui prétendait m'aimer, ce matin, à l'aurore,
Court apporter son cœur à ce baudet pelé...
Je l'entendis crier : — « Cher âne, je t'adore ».

Allons-nous en ! allons nous en ! c'est odieux !
    ... Mais après tout, c'est bien ma faute...
Pourquoi, morne pays, me suis-je fait ton hôte,
Moi, fils de l'Orient parfumé, radieux ?

Pourquoi t'ai-je quittée, ô Patrie, où la sève
Monte, plus généreuse, aux fleurs de pourpre et d'or ?
Pourquoi t'ai-je quitté, Paradis, où le Rêve
A des cieux plus profonds pour prendre son essor ?

Oh ! là-bas, odorante et de joyaux parée,
Comme la nuit était plus belle !.. au firmament
Elle trônait, telle une Reine enamourée,
Nul n'échappait à son divin enchantement,
Le parfum de son corps divinisait la terre
Et tous s'y recueillaient, pénétrés de mystère.

Alors mon chant vers vous s'élévait plus ardent,
    Plus rempli d'extase amoureuse,

Chères étoiles, qui grelottez, souffreteuses,
      Dans les tristes cieux d'Occident.
Là-bas, là-bas, au lieu de campagnes moroses,
Partout se déroulaient de vastes champs de roses
Et leurs beautés formaient le harem merveilleux,
Dont j'étais le Sultan sublime et fastueux.

      Ici les roses sont si rares !
      Leurs jardinets en sont avares.

Une d'elles, pourtant, miraculeusement,
M'apparut, un matin, quand je chantais encore,
Si belle, sous les pleurs dont la baignait l'aurore
Que je restai captif de son enchantement.
      J'allais fuir, mais pour l'amour d'elle
Je demeurai... Rempli d'une ferveur nouvelle,
      J'ai dit mes hymnes les plus beaux
      Et les monts, les plaines, les eaux
      Ont frissonné de mon délire ;
La Rose, indifférente, a gardé son sourire.

Ah ! partons, cette fois ! Partons !.. même il vaut mieux
      — Oui, ma dignité me l'impose —
      Partir, sans rien dire à la Rose...

Je sens en moi, pourtant, un bien beau chant d'adieux....
(après une courte hésitation).

Non! je m'attendrirais, je perdrais mon courage...
Point d'adieux! Ce sera plus sage,
Car il faut que je parte, il le faut! — je le dois.
(Entrent précipitamment la Reine
des roses et les Roses.)

SCÈNE VI

BULBUL, LA REINE DES ROSES,
UNE ROSE, LES ROSES.

LA REINE DES ROSES

Eh bien, oui! part!.. mais moi-même,
O Bulbul, je pars avec toi.

BULBUL

Ai-je bien entendu?.. Quoi! la Rose que j'aime...

TOUTES DES ROSES

Nous, non plus! non, nous plus, nous te quittons pas!

BULBUL

Toutes les Roses avec elle!

LES ROSES

Emmène-nous là-las! là-bas,
Où sur les beaux jardins la lumière ruisselle!

LA REINE DES ROSES

O Bulbul, ô Bulbul, comment
As-tu pu croire cette chose
Que sans émoi restait la Rose,
Lorsque tu disais ton tourment?

Quoi! la brise, dont la caresse
Alanguit les beaux soirs d'été
Vers toi n'a-t-elle point porté
L'encens brûlant de ma tendresse?

La Rose t'aime, ô doux chanteur;
Au sein du solennel mystère,
Quand ta voix enivrait la terre,
Je l'enivrais de ma senteur.

Comment mieux te faire connaître
Que je suis digne d'être à toi?
Voici ton épouse, ô mon maître,
Emmène-moi!

BULBUL

Rose adorable, dont la grâce se déploie
Plus troublante de tes aveux,
Ton amour, hier, m'eût comblé de joie...
Aujourd'hui, je ne peux l'accepter... je ne peux...

T'emmener avec moi ne serait qu'égoïsle ;
Sur la terre étrangère, — hélas! si beau soit-il! —
Le ciel te semblerait sans éclat, vide et triste,
Ce serait le ciel de l'exil.

Ne reconnaissant plus celui qui t'a vu naître,
Tu dépérirais chaque jour,
Même, je t'entendrais peut-être
Maudire ton destin, maudire notre amour.

LA REINE DES ROSES

Que parles-tu d'exil, bien-aimé? Je vais vivre
Auprès de celui qui m'enivre...
Que parles-tu d'exil? Je pars, en souriant,
Pour le lumineux Orient ;
Je regagne enfin ma patrie,
Celle vers qui mon désir crie,
La terre étrangère pour moi
C'est l'Occident sinistre et froid.

Quoi! demeurer parmi cette race imbécile,
Qui n'a plus désormais qu'un seul culte : l'Utile !
Fi les vilaines gens et les pauvres esprits
Qui décernent aux Aliborons les trophées
Et devant la Beauté passent avec mépris !
  Ils ont commencé par nier les Fées,
Aujourd'hui te voici l'objet de leur dédain ;
Ils ne regarderont plus les roses demain.
  Plus tard, même, je le devine,
  Avec le Progrès, sans cesse marchant,
Ils ne s'emploieront plus à cultiver les champs ;
Mais ils y laisseront construire des usines,
  Des fabriques et des machines,
Qui de noire fumée obscurciront les cieux.
Allons-nous en ! Quittons ce pays odieux,
Ces trop civilisés, qui ne savent plus vivre,
  Que les faux savants rendent fous !
Allons-nous en ! que d'eux ton amour nous délivre,
  Car ils sont indignes de nous !

LES ROSES

Emmène-nous, Bulbul ! Nous sommes
  Tes demoiselles d'honneur ;
  Emmène-nous loin de ces hommes !
  Ah ! combien ils nous font horreur !

Ils ont donné nos sœurs à l'âne, pour parure ;
Ils ont donné nos sœurs à l'âne, pour pâture ;
    Aliboron, de roses tout fleuri,
    Avec des roses se nourrit !

BULBUL

    Eh bien, soit ! Partons ! en route !....
    Venez avec moi, venez toutes !

    Près de Bagdad, aux pays bleus
    Où toujours le ciel est en fête,
    Je sais un jardin merveilleux
    Où vit un merveilleux Poëte.

Sur des vasques d'onyx, les jets d'eau, s'irisant
    De lueurs de féerie,
En un frais égoutis retombent, caressant
    Sa belle rêverie.

Mille fleurs, par la main des Péris nuancées,
Dont on ne sait pas même, en Occident, le nom,
Autour de lui s'épanouissent, à foison,
    Pour mieux enivrer ses pensées

Là, l'Inspiré, vêtu de soie et de velours,
    Ainsi qu'un Prince magnifique,

Louange en des «ghazels », pleins de douce musique,
        La gloire des Nuits et des Jours.

        Ah ! quel délicieux langage
        Eclatant, tout paré d'images !
Combien il est plus beau que les mauvais patois
        Que l'on parle en ces pays froids !

        Il daignait me nommer : son frère,
        Tant il est noble et généreux,
        Souvent nous causions tous les deux
        Jusqu'au retour de l'aube claire...

Allons à lui ! de ses beaux parterres fleuris
        Les portes pour nous ne seront pas closes,
Puisque le Livre, où ses poëmes sont transcrits,
        S'appelle : « Le Jardin des Roses »

Nous ferons célébrer nos noces sous ses yeux
        Et les fêtes en seront belles
        Et peut-être, en un chant joyeux,
Il dira nos amours, pour les rendre immortelles.
        (La Reine des Roses se serre contre lui, tendrement)

BULBUL

Viens ! la brise du soir nous prendra sur ses ailes.
        (Il l'entraîne, avec toutes les Roses).

SCÈNE SEPTIÈME

MARJOLAINE VINCENT.

MARJOLAINE

Que se passe-t-il, mon amant?
La douceur du Printemps m'enivrait tout à l'heure.
Et voici soudain cet enchantement
Qui s'évanouit... et tout bêtement
Je pleure...
Autour de nous et dans mon cœur il fait tout noir.
Ce qui nous fit heureux n'est-il donc plus?... Je tremble...
Hélas! notre amour, il me semble,
Notre amour va mourir en cet étrange soir.

VINCENT

Oui, la même angoisse m'oppresse.
Quelque chose... je ne sais quoi,
Me manque soudain... Comme toi
Je sens s'évanouir ce qui fit notre ivresse.

MARJOLAINE

Dirigeons nous de ce coté !
C'est là — t'en souviens-tu? — que dans un champ de roses

Tu m'as dit, jadis, de si douces choses,
Que contre ton cœur mon cœur s'est jeté.
Là, comme aux anciens jours, sous tes baisers, peut-être
Le bonheur perdu va renaître...
(Au moment de sortir, elle regarde, au dehors, dans le champ de roses
et soudain pousse un cri d'effroi.)
Oh! regarde!... il n'est plus de roses dans le champ.
Il est noir comme de la suie!

VINCENT

Malheur!... quelque sorcier méchant
A du jeter un sort...

MARJOLAINE

                    Vois, vois, elles s'enfuient
Là-bas, là-bas,.. avec Bulbul, le Rossignol!
Elles ont comme lui, des ailes... et leur vol
            Fait un grand nuage aux lueurs sanglantes...
Je comprends maintenant pourquoi j'étais tremblante :
Les Roses, tout à coup, nous ont abandonnés!
C'est qu'à de grands malheurs nous sommes condamnés!
(Ils baissent, tous les deux, le front comme accablés par la Fatalité.
Entrent le père Grelu, Claude, François, Lucette, Pâquerette et la Foule).

SCÈNE DERNIÈRE

LES PRÉCÉDENTS, LE PÈRE GRELU, CLAUDE, LUCETTE,
PAQUERETTE, une partie de la FOULE, plus tard : TITANIA,
LES FÉES, BULBUL, LA REINE DES ROSES, LES ROSES et
tous les personnages, moins ALIBORON.

(Tous ceux qui viennent d'entrer semblent dans le désespoir et se
lamentent).

LE PÈRE GRELU (à Vincent et Marjolaine, d'une voix tremblante
d'émotion).
Hélas! vous connaissez le malheur effroyable...

MARJOLAINE

Oui, le ciel, sans pitié, nous frappe et nous accable :
Les Roses et Bulbul nous quittent!... avec eux
S'en va l'enchantement d'alentour... C'est affreux!
De la calamité sait-on, du moins, les causes?

LE PÈRE GRELU (avec impatience).

Il s'agit bien, vraiment, de Bulbul et des roses!
(D'un ton mélodramatique.)
Hélas! c'est Aliboron
Que nous pleurons!
Hélas! hélas! hélas! le pauvre Aliboron!

CHOEUR FUNÈBRE DE LA FOULE

Hélas! hélas! hélas! le pauvre Aliboron!

VINCENT

Qu'est-ce à-dire?

LE PÈRE GRELU (avec accablement).

Il est mort.

CHOEUR FUNÈBRE DE LA FOULE

Il est mort.

LE PÈRE GRELU (avec des sanglots dans la voix).

O tragique
Destinée!... Il est mort, tordu par la colique,
Mort, en quelques instants, d'une indigestion
Formidable!... Ah! je suis rempli d'émotion,
Car dans cet accident tout le monde est coupable,
Moi le premier... On avait bourré son étable
De luzerne, sainfoin, trèfle, seigle, chardons,
Même de roses... tous l'avaient comblé de dons
Dans un élan d'enthousiaste gratitude...
Et lui, le malheureux, après son travail rude
De chanteur, il sentit la faim le tenailler...
Alors, dans tout le tas, il se mit à tailler

Avidement, avec de grands coups de mâchoire ;
Il mangea, remangea, croyant obligatoire
De ne rien laisser, pour ne point nous faire affront...
Alors...

(L'émotion l'étouffe).

MARJOLAINE

Alors ?

LE PÈRE GRELU

Alors, le pauvre Aliboron
A gonflé de telle manière
Que comme un éléphant il avait le derrière,
Il a gonflé, toujours... toujours et tout à coup...

TITANIA (sautant en scène).

Explosion !... Il a crevé comme un joujou
De baudruche...

(éclatant de rire):
Ah ! ah ! ah ! quelle mort glorieuse !

TOUTES LES FÉES (accourues aussi).

Ah ! ah ! ah ! ah !

LE PÈRE GRELU

Qui donc êtes vous, ô rieuses
Impitoyables ?

TITANIA

Qui nous sommes?... Les benêts!
Allons, écarquillez vos yeux sous vos bonnets!

Qui nous sommes? Nous sommes celles
Que vous niez et qui pourtant sont immortelles
Et, malgré vos mépris hautains,
Veillent toujours sur vos destins.
Qui nous sommes? les bonnes Fées
Que les faux savants n'ont pas étouffées.

Comme le contaient, véridiquement,
Vos aïeules et vos nourrices,
Nous sommes, inlassablement,
Vos Bienfaitrices.

C'est que vous menez si mal votre jeu,
Qu'il est parfois bien nécessaire
Que nous accourions nous mêler un peu
De vos affaires.

Par exemple, cette fois-ci :
Mes compliments à tout le monde!
On ne peut déployer bêtise plus profonde;
C'était en tout point réussi.

Plus de Rossignol, plus de Roses
Et pour compliquer encore les choses,
     Tous les oiseaux, toutes les fleurs
A leur suite envolés vers des pays meilleurs!...

Mais regardez! c'est nous, filles du clair de lune,
     C'est nous qui vous les ramenons ;
     Nous avons vaincu leur rancune,
Ils vous pardonnent... nous aussi nous pardonnons.

(Sur un signe de Titania, Bulbul, la Reine des Roses, les Roses, les
oiseaux et les fleurs envahissent la scène.)

TITANIA

Pourtant, à l'avenir, si vous voulez paraître
Moins stupides, il faut apprendre à nous connaître.

     Car toujours, comme autrefois,
          Notre folle ronde
          Gouverne le monde
Et tous vos bonheurs sont entre nos doigts.

     Qui nous voit croit faire un songe
          Et sans nous, pourtant,
          Tout est mensonge!
Laissez dire les pédants!

Nous sommes les Resplendissantes !
Croyez en nous, levez le front !
Et n'écoutez plus les Aliboron
Aux doctrines ahurissantes !

Lorsque vous serez malheureux,
Songez à nous parmi vos peines !
Et dans nos robes, toutes pleines,
Portant des présents merveilleux,
Nous accourrons des pays bleus,
Comme de fidèles marraines.

(Elle fait avancer au premier plan Bulbul et la Reine des Roses.)

Et maintenant pour finir mieux
  Cette journée,
Célébrons tous une hyménée
Qui va réjouir la Terre et les Cieux !

Voici Bulbul, voici la Rose la plus belle !
J'aime Bulbul, mais non d'un égoïste amour,
Je le rends à la Rose et ne réclame d'elle
  Que de m'aimer en retour.

Les Roses sont nos sœurs ; les Roses sont des Fées
  Toujours visibles aux humains,
Qui leur donnent leurs cœurs et meurent étouffées
  Entre leurs mains.

La Reine du Monde Féerique
Ne doit pas jalouser la Reine des pourpris.
Venez donc, sœur que je chéris,
Et vous aussi, Prince charmant de la Musique !

Voici la nuit de vos noces, la douce nuit !
Pendant qu'elle jette ses voiles,
Royalement le dais du ciel s'entrouve et luit
De l'or de toutes les étoiles...

(Les Fées entourent les amants et déploient autour d'eux une grande
écharpe, sur laquelle on peut lire :)

LES NOCES DE BULBUL ET DE LA REINE
DES ROSES.

DIVERTISSEMENT FÉERIQUE

et aussitôt commence : Le Ballet des Fées, des Roses, des Oiseaux
et de toutes les Fleurs,
ce qui est la

FIN

DE

MAITRE ALIBORON

SORTI DES PRESSES

DE LA MAISON FIGUIÈRE ET Cie

LE 21 JUILLET 1911.